BEI GRIN MACHT SICH IHR WISSEN BEZAHLT

- Wir veröffentlichen Ihre Hausarbeit,
  Bachelor- und Masterarbeit

- Ihr eigenes eBook und Buch -
  weltweit in allen wichtigen Shops

- Verdienen Sie an jedem Verkauf

Jetzt bei www.GRIN.com hochladen
und kostenlos publizieren

Frank Mattioli-Danker, Anne Behrendt

Frauenbewegung und andere soziale Bewegungen in Spanien - ein kurzer Überblick

GRIN Verlag

Bibliografische Information der Deutschen Nationalbibliothek:

Die Deutsche Bibliothek verzeichnet diese Publikation in der Deutschen National-
bibliografie; detaillierte bibliografische Daten sind im Internet über http://dnb.d-
nb.de/ abrufbar.

Impressum:

Copyright © 2003 GRIN Verlag GmbH
Druck und Bindung: Books on Demand GmbH, Norderstedt Germany
ISBN: 978-3-638-93610-1

Dieses Buch bei GRIN:

http://www.grin.com/de/e-book/18147/frauenbewegung-und-andere-soziale-
bewegungen-in-spanien-ein kurzer-ueberblick

GRIN - Your knowledge has value

Der GRIN Verlag publiziert seit 1998 wissenschaftliche Arbeiten von Studenten, Hochschullehrern und anderen Akademikern als eBook und gedrucktes Buch. Die Verlagswebsite www.grin.com ist die ideale Plattform zur Veröffentlichung von Hausarbeiten, Abschlussarbeiten, wissenschaftlichen Aufsätzen, Dissertationen und Fachbüchern.

Besuchen Sie uns im Internet:

http://www.grin.com/

http://www.facebook.com/grincom

http://www.twitter.com/grin_com

Frauenbewegung in Spanien

von

Frank Mattioli-Danker

Universität Osnabrück, Erziehungs- und Kulturwissenschaften,
Erziehungswissenschaften
SS 2003

Frauenbewegung

und andere

soziale Bewegungen

in Spanien

Seminar: 3.1502
Gleichberechtigung in Europa:
Gibt es Verbindung zwischen Frauen-
und anderen sozialen Bewegungen?

Anne Behrendt   Frank Mattioli-Danker

Magister: Magister:
Erziehungswissenschaften (2)   Soziologie (2)
Soziologie (2)   Erziehungswissenschaften (2)

Inhaltsverzeichnis

1.   Einleitung

Die Frauenbewegung in Spanien und der Vergleich zu anderen sozialen Bewegungen insbesondere zur Schwulenbewegung ist Gegenstand dieser Arbeit. Dazu umreißen wir den geschichtlichen Verlauf von Spanien bezogen auf unsere Thematik.

Gibt es einen Zusammenhang zwischen den Veränderungen für die Frauen in Spanien nach Beendigung der Diktatur 1974 und anderen Randgruppen?

Wenn wir hier über Veränderungen für die Frauen schreiben, nehmen wir Stellung zu den Schwerpunkten der Benachteiligung von Frauen wie Gewalt, Arbeitslosigkeit, politischen Einfluss.

Bezogen auf die Schwulenbewegung betrachten wir ebenfalls die geschichtliche Perspektive, die rechtliche Gleichstellung und zusätzlich noch persönliche Schicksale.

2.   Heutige Situation der Frauenbewegung in Spanien

Um sich einen Einblick in die Frauenbewegung in Spanien zu verschaffen, werden wir zu Beginn eine historische Übersicht des Landes darstellen und danach die Lebensumstände der Frauen betrachten.

2.1.   Historische Übersicht Spaniens

1974 endete in Spanien die Diktatur von Franco. Somit wurde das Parteienverbot aufgehoben und freie demokratische Wahlen wurden möglich und ab 1979/1980 nach dem Modell „Europa" eingeführt. Durch diese politische Veränderung war es auch möglich, die Vormachtsstellung der katholischen Kirche zu beenden und aufzulösen und damit endete die völlige Isolation des Landes.

Während der Diktatur verarmte das Land mehr und mehr und eine hohe Arbeitslosigkeit war die Folge. Frauen galten als Verwalterin der familiären Armut. Da es in dem spanischen Sozialversicherungssystem keine Arbeitslosenversicherung gab, emigrierten Intellektuelle und die Arbeitslosen, die es sich leisten konnten, ins Ausland, z.B. Mexiko.

Einhergehend mit der Diktatur wurde das Bildungswesen eingeschränkt und selbst noch 1985
gab es 3 Millionen Analphabetinnen[1], was natürlich auch damit zu tun hat, dass erst 1970 die
allgemeine Schulpflicht eingeführt wurde.

Ende der 60iger Jahre entwickelte sich die Tourismusbranche, so dass mit „der Sonne Spaniens" das Land einen wesentlichen wirtschaftlichen Aufschwung erlebte. Die emigrierten
Spanierinnen kehrten zurück und profitierten von diesem Tourismusboom.

Durch das veränderte politische System und den Tourismus öffnete sich Spanien anderen europäischen Ländern, so dass linksgerichtete Strömungen die politische Landschaft in Spanien
beeinflussen konnten.

Luise Hartwig, S.54f

2.2. Lebensverhältnisse der Frauen in Spanien

Bis in die 70iger Jahre standen für die Frauen die Familie und der Haushalt neben den kirchli-
chen Traditionen im Lebensmittelpunkt. „Kinder – Küche – Kirche" waren die drei Lebensin-
halte der Frauen. Wenn auch die Erwerbstätigkeit von jungen Frauen geduldet wurde, musste
diese auf jeden Fall beim Eintritt in die Ehe beendet werden.

Das Leitbild für die spanischen Frauen wurde traditionell von der Kirche geprägt, wobei das
Lebensbild der Jungfrau Maria maßgeblich war. Die Mystifizierung bestand darin, dass Maria
als rein, keusch, unantastbar, gehorsam, aufopfernd und hingebungsvoll gesehen wurde.

Nach der politischen Wende in Spanien haben sich die Parteien nicht mit dem Feminismus
beschäftigt, da die wirtschaftliche und außenpolitische Situation des Landes im Mittelpunkt
ihrer Bemühungen stand.

Obwohl jetzt soziale Einrichtungen wie Kindergärten und Tageseinrichtungen entstehen
konnten, war dies allerdings keine wesentliche Entlastung für die Frauen, da es wenig staatli-
che Unterstützung für diese Institutionen gab. Nach wie vor werden die sozialen Dienstleis-
tungen von den Großfamilien durchgeführt. Die Alten erziehen die Kinder und später pflegen
die Kinder die alten Menschen.

Für Frauen, die arbeiten wollen, bedeuten diese eingeschränkten Versorgungsmöglichkeiten
der Kinder, dass sie entweder kinderlos bleiben oder in eine Abhängigkeit zu ihren Eltern
oder den Eltern des Ehemannes stehen, damit diese die Kinder tagsüber betreuen. Der Gedan-

---

[1] Wenn wir die weibliche Form von Hauptwörtern nehmen, meinen wir grundsätzlich beide Geschlechterformen.

ke, dass die Männer zu Hause bleiben und die Kinder versorgen, ist gesellschaftlich in Spanien noch nicht ansatzweise umgesetzt, außer wenn der Mann sowieso arbeitslos ist.

Luise Hartwig, S.55f

3. Projekte für benachteiligte Frauen

Die Diktatur war abgeschafft und die Gleichstellung der Frau konnte zaghaft beginnen. Verschiedene Projekte wurden politisch ermöglicht und konnten sich erst in den großen Städten Spaniens (Madrid und Barcelona) durchsetzen und dann sich auch auf die ländlichen Gebiete ausweiten.

3.1. Schutz für misshandelte Frauen

Die Opferrolle der Frauen beschreibt Margarita Hundsdörfer indem sie ausführt, dass die Frauen in Spanien schon in der Ursprungsfamilie zur Ungleichheit erzogen werden. Dort erleben die Frauen die ersten gewalttätigen Übergriffe. Die Ungleichheit besteht zum Beispiel darin, dass in dieser Erziehung zuwenig soziale Kompetenzen vermittelt werden.

Frauen werden weder zur Unabhängigkeit erzogen noch werden Selbständigkeit und Selbstbewusstsein geprägt oder als Ziel in der emotionalen Erziehung für Frauen gesehen.

Ebenfalls sieht die traditionelle Erziehung der Mädchen keine Förderung von Bildung vor.

Somit haben die Frauen weder gute Ausbildungschancen noch die Möglichkeit sich für Arbeitsstellen zu qualifizieren, in denen ein guter Verdienst zum eigenständigen Leben führen könnte.

Margarita Hundsdörfer, S.66f

Am Ende der traditionellen Erziehung bleibt für die Frauen nur der Weg in die Familiengründung und in die Abhängigkeit zum Mann als Ernährer und Versorger. Die Männer sehen daher die Frauen mehr und mehr als ihren Besitz und reagieren auf Ungehorsam oder Eigenwilligkeiten der Frauen mit Gewalt. Diese Gewaltspirale entwickelt sich zunehmend zu einem System, in dem es später fraglich ist, ob es überhaupt noch Gründe für Gewaltanwendung gibt oder derer bedarf, um Gewalt anzuwenden.[2]

---

[2] Bei der Bearbeitung dieser Thematik wäre an dieser Stelle noch zu klären, inwieweit die Europäisierung und das Zulassen von linksgerichteten Strömungen die Unabhängigkeitswünsche der Frauen so rapide zunahmen, dass die Gewaltanwendung der Männer parallel in diesem Zeitzyklus anstieg, da sie nicht fähig waren mit den neuen Bedürfnissen ihrer Partnerinnen kommunikativ umzugehen.

Als sofortiges Hilfsangebot wurden Frauenhäuser eingerichtet, in denen sie bis zu einem halben Jahr Schutz bekommen können.

In Madrid gibt es außerdem seit 1991 eine Initiative von Vereinen von Frauen, die entweder in Trennung leben oder geschieden sind und aufgrund ihrer Erfahrungen mit häuslicher Gewalt ein Traumazentrum gründeten für die Behandlung, Erholung und Wiedereingliederung misshandelter Frauen und deren Kinder.

Diese Initiative bietet nicht nur Zuflucht, sondern auch strukturierte Beratung in Form von psychologischer, sozialer und rechtlicher Betreuung und Begleitung. Den Frauen soll hier eine sichere Startbasis in ein Leben zur Selbständigkeit vermittelt werden. Diese Organisation hilft auch bei der Suche nach einem Ausbildungsplatz oder bei der Weiterqualifizierung der vorherigen Arbeit. Zusätzlich sollen Werte, Stereotypen, und auch Rollenverständnisse hinterfragt und neu überdacht werden. Es wird versucht den Frauen Selbständigkeit und auch das Prinzip der Gleichberechtigung zu vermitteln. Dies geschieht durch soziale Sensibilisierung zur Verhaltensänderung[3] und durch das Erlernen des sicheren Umgangs mit betroffenen Behörden und Institutionen.

Margarita Hundsdörfer, S.66ff

3.2.   Förderung arbeitsloser Frauen

Durch den Bildungsrückstand der spanischen Frauen und die Chancenungleichheit wurden spezielle Programme zur Förderung von arbeitslosen Frauen gegründet. Die Zielgruppe dieser Projekte sind hauptsächlich Frauen im Alter zwischen 25/ 35, allein erziehend, getrennt lebend bzw. geschieden, ohne Einkommen, einem geringen Bildungsniveau und mit sozialen Problemen.

Miriam Merino Martinez, S.62

Als Ziel setzt sich „Opanel"[4] die Entwicklung von Aktivitäten für Frauen mit den oben genannten Voraussetzungen, um Zugang zu Ausbildungsprogrammen und Arbeitsplätzen zu finden. Zusätzlich soll eine Annäherung zwischen Arbeitnehmerinnen und Unternehmen ge-

---

[3] Unseres Erachtens geht es hierbei um die Stärkung des eigenen Werteanspruches, so dass die betroffenen Frauen lernen, sich und ihren Kindern zuerst zu helfen, indem sie sich aus Abhängigkeiten befreien und als eigenständige Persönlichkeiten die weitere Lebensplanung vornehmen.
[4] Spanische Frauenvereinigung

fördert werden, mit dem Ziel dessen Erwartungen zu erkennen und Arbeitseingliederungspro-
zesse zu optimieren.   (ebd., S.60)

Hier steht auch wieder die Stabilisierung der Chancengleichheit zwischen Männern und Frau-
en mit im Vordergrund. Durch persönliche Gespräche, Zuweisung in die passenden Programme und durch die Unterstützung der Persönlichkeitsentwicklung sollen diese Ziele er-
reicht werden.
Erst 1999 begann die gesetzliche Umsetzung der Vereinbarkeit des Familien- und Berufsle-
bens. Im Jahr 2001 wurden folgende Reformen zur Vereinfachung und Förderung des Zu-
gangs von Frauen zum Arbeitsmarkt verabschiedet:

> ➢ Vergünstigungen für unbefristete Einstellung von (langzeit) arbeitslosen
>   Frauen
> ➢ Vergünstigungen von Einstellungen von Frauen nach der Entbindung
> ➢ Vergünstigungen bei Einstellungen von Frauen in von Männern traditionell
>   besetzen Berufen

(ebd., S.62ff)

3.3.   Fraueninstitut „Instituto de la Mujer"

Seit Oktober 1983 sind die Anliegen der Frauen dem Kultusministerium angegliedert. (Celia
Valiente, S.221)
Seit 1988 allerdings bekommen die sozialen Themen der Frauen im „Ministry of Social Af-
fairs" Raum. (ebd., S.226)
Die Zielsetzungen des „Instituto de la Mujer" sind unter anderem

> ➢   Förderung der Frauenforschung
> ➢   Eingliederung der Frauen in die Politik
> ➢   Auseinandersetzung mit der Frauendiskriminierung
> ➢   Aufbau und Verstärkung der Rechtssicherheit

(ebd.,S.229f)

5

Obwohl die spanischen Frauen rechtlich gestärkt werden sollten, politische Eingliederung stattfinden sollte, der Kampf gegen Misshandlung und Missbrauch aufgenommen wurde, beklagt Celia Valiente in ihrem Text „The Power of Persuasion", dass die Zusammenarbeit zwischen den verschiedenen Frauenbewegungen mangelhaft funktioniert und keine gemeinsame politische Plattform gefunden wurde, um sich gesellschaftlich Gehör zu verschaffen.

Nach der Studie von „Ministerio de Trabajo y de Asuntos Sociales" gelten zwar 12,4% der Frauen als misshandelt, allerdings trauen sich nur 4,2% der misshandelten Frauen dies in der anonymen Befragung zuzugeben.[5]

Ministerio de Trabajo y de Asuntos Sociales, S.7

4.   Andere soziale Bewegungen

Wir hatten uns vorgenommen, zur Thematik „Frauenbewegung in Spanien" andere soziale Gruppierungen in ihrer Entwicklung gegenüber zustellen und wollten dazu schwerpunktmäßig über die Schwulenbewegung recherchieren.

4.1.   Recherchenverlauf

Bei der Materialsuche haben wir zuerst verschiedene Hochschuldozenten befragt. Des Weiteren haben wir folgende Adressen von „Health Groups" und „National Gay Info" aus dem internationalen Gay Guide „Spartacus" in spanischer und englischer Sprache angeschrieben und um weitere Materialien gebeten.[6]

➢ Rainbow, Madrid
➢ Shangay, Madrid
➢ Zero, Madrid
➢ Berkana, Madrid

---

[5] Eine Erklärung für die abweichenden Prozentzahlen kann folgender Gedankengang zu den Fragebögen sein: Der Fragebogen war so aufgebaut, dass zuerst nach allgemeinen Gewalterfahrungen gefragt wurde und später nach persönlichen Erlebnissen von Misshandlungen.
[6] In dem Schreiben haben wir uns als Studenten der Universität Osnabrück vorgestellt und unser Anliegen beschrieben, so dass deutlich wurde , dass wir über den Zusammenhang zwischen der Frauen- und Schwulenbewegung forschen wollten und dazu Informationsmaterial erbeten haben.

- Guia del Ocio, Barcelona
- Linea G, Barcelona
- Punto H, Barcelona
- Antinous, Barcelona
- Complices, Barcelona

Spartacus 1999/2000, S.807ff

Ferner haben wir Kontakt zu der Bibliothek von Deutschlands einzigem Schwulenmuseum in 10961-Berlin aufgenommen.

Im Internet haben wir in der Suchmaschine – www.google.de – nach Texten zu den Themen spanische Schwulenbewegung, Schwulenbewegung in Spanien, Homosexualität recherchiert.

4.2. Ergebnisse der Recherchen

Sowohl die Dozenten wie auch die Mitarbeiter des Museums in Berlin teilten uns mit, dass sie über keine Literatur oder Forschungsmaterialien, weder auf spanischer, englischer oder deutscher Sprache, verfügen oder Kenntnis haben.

Mitarbeiter von „Zero" schrieben uns, dass in den spanischen Touristen Zentren Grand Canaria, Ibiza, Mallorca, Barcelona und Madrid seit 25 Jahren eigene Vergnügungsviertel für Homosexuelle ermöglicht wurden. Auf Grand Canaria in „Playa de Ingles" besteht seitdem Europas größtes Touristenangebot (über 40 Bars, Cafes und Diskotheken) für homosexuelle Menschen.

Dir rechtliche Situation wird im internationalen Gay Guide für Spanien folgendermaßen beschrieben: „Zwar liegt das allgemeine Schutzalter bei 16 Jahren; wer aber keinerlei rechtliche Gefahren eingehen möchte, sollte wenn er über 18 Jahre ist, Männer unter 18 Jahren meiden. In Madrid gibt es ebenso wie in Katalonien eine Eingetragene Partnerschaft. Allerdings hat dies nur Auswirkungen auf Rechte, die in die Kompetenz der Provinz fallen wie z.B. Erbrecht, Mietrecht und Vertretungsrecht. Auf Landesebene ist ein ähnlicher Gesetzesentwurf am Widerstand der konservativen Regierung gescheitert."

Spartacus, S. 806

4.2.1. Einzelne Schicksale

Bei der Suche im Internet haben wir zwei Berichte gefunden, die jeweils persönliche Schicksale beschreiben und die wir hier wiedergeben wollen:

Ariadna Gomez

Das spanische Justizministerium in Madrid genehmigte nach einem Jahr der Prüfung der 34-jährigen Gefängnisaufseherin und Transsexuellen einen Eheantrag mit ihrem 26-jährigen Verlobten aus Marokko. Die Interessenverbände der rund 5.000 in Spanien lebenden Transsexuellen begrüßten diese Entscheidung als wichtigen Schritt zur rechtlichen Gleichstellung. Gomez war vor ihrer Geschlechtsumwandlung in einer Haftanstalt für Männer Gefängnisaufseher und konnte nach der Operation in ein Frauengefängnis wechseln. Die transsexuellen Menschen müssen die Operationen zwar noch selber bezahlen, aber am Beispiel von Gomez sehen wir, dass sich die rechtliche Situation verbessert und verändert.

Lust, April/Mai 2001

Der schwule Pepe

Nicht mit den Worten „Ich bin schwul, und das ist auch gut so!", sondern mit den Worten „Gott sei Dank bin ich schwul!" bekannte sich der katholische Pfarrer in seiner Gemeinde Valverde del Camino zu seiner Homosexualität im Februar 2002.

Obwohl der Großteil der Gemeindeglieder (12.500 Mitglieder) ihn als Pfarrer behalten wollte, wurde ihm vom zuständigen Bischof die Priesterwürde aberkannt, da er das Gelöbnis des Zölibats breche und damit gegen die heiligen Prinzipien der katholischen Kirche verstoße.

Online-Nachrichtenkanal, Februar 2002

5. Fazit

Auch wenn die Diktatur Mitte der siebziger Jahre beendet war, ist die politische Situation sowohl für die spanischen Frauen wie auch die sozialen Randgruppen durch die Konservativen und Erzkatholiken geprägt. Um es mit den Worten von Miguel Angel Sanchez, dem Präsidenten der Rosa Winkel Stiftung zu sagen: „ist Spanien auf dem gleichen moralischen Höchststand wie ihr früherer Widerstand gegen Themen wie Scheidung, Kondomgebrauch oder Abtreibung." (Cesar Leston, Euronews)

Durch diese konservative Politik und moralische Haltung ist es weder den Frauenbewegungen noch den Bewegungen anderer sozialer Gruppierungen möglich einen europäischen Standart zu erreichen und sich von den Unterdrückungstendenzen abzuwenden. Sowohl in der Politik wie auch in der Verkündung der Werte und Normen haben die Männer das Sagen und die Macht der Worte, reichen diese nicht aus, erleben 12,4 % der Frauen dann auch noch die häusliche Gewalt.

Der geschichtliche Vergleich macht in unserer Arbeit deutlich, dass mit der politischen Öffnung für die Themen der Frauenbewegung in Spanien die Randgruppe der schwulen Menschen auch etwas aus ihrer Isolation herauskommt. Die Schwulenbewegung kann den Frauen in diesem Fall dankbar sein, da der emanzipatorische Aufbruch von ca. 50% der Bevölkerung für sie auch zu mehr Rechten und mehr Freiheit führten.

Betrachten wir die Möglichkeit und Vielfalt im Tourismus für die homosexuellen Menschen, haben die Schwulen scheinbar mehr Freiheit und Entfaltungsspielraum als die spanischen Frauen.

6. Literaturverzeichnis

Hartwig, Luise   Zukunft Europa – Zukunft für
                                      Mädchen!, Mechthild Wolff,
Hundsdörfer, Margarita   Votum Verlag, Münster 2002

Leston, Cesar   http://www.lglf.de/ilga-europa/euro-letter/83-10-
                                      2000.htm

Lust, 65. Ausgabe   http://www.lust-zeitschrift.de/nachrichten/65news.html

Martinez Merino, Miriam   Zukunft Europa – Zukunft für
                                      Mädchen!, Mechthild Wolff,
                                      Votum Verlag, Münster 2002

Ministerio de Trabajo y   Resultados de la macroencuesta :
de Asuntos Sociales   La violencia contra las mujeres,
                                      Ediciones Peninsular, Madrid 2000

Online-Nachrichtenkanal   http://www.siegessaeule.de/SISheu-
                                      te/Nachrichtenkanal/Text/ausland/070202_spanishoutin
                                      g.html

Spartacus   International Gay Guide 1999/ 2000,
                                      Bruno Gemünder Verlag, Berlin 99/00

Valiente, Celia   Comparative State Feminism, Dorothy
                                      McBride Stetson und Amy G. Azur,
                                      Sage Publications, London 1995